BEI GRIN MACHT SICH IHR WISSEN BEZAHLT

- Wir veröffentlichen Ihre Hausarbeit,
  Bachelor- und Masterarbeit

- Ihr eigenes eBook und Buch -
  weltweit in allen wichtigen Shops

- Verdienen Sie an jedem Verkauf

Jetzt bei www.GRIN.com hochladen
und kostenlos publizieren

Bibliografische Information der Deutschen Nationalbibliothek:

Die Deutsche Bibliothek verzeichnet diese Publikation in der Deutschen National-bibliografie; detaillierte bibliografische Daten sind im Internet über http://dnb.d-nb.de/ abrufbar.

Impressum:

Copyright © 2019 GRIN Verlag
Druck und Bindung: Books on Demand GmbH, Norderstedt Germany
ISBN: 9783346066817

Dieses Buch bei GRIN:

https://www.grin.com/document/506795

David Port

Blockchain-Technologie. Funktionsweise und Potenzial

Analyse am Fallbeispiel Wirtschaftsprüfung

GRIN Verlag

GRIN - Your knowledge has value

Der GRIN Verlag publiziert seit 1998 wissenschaftliche Arbeiten von Studenten, Hochschullehrern und anderen Akademikern als eBook und gedrucktes Buch. Die Verlagswebsite www.grin.com ist die ideale Plattform zur Veröffentlichung von Hausarbeiten, Abschlussarbeiten, wissenschaftlichen Aufsätzen, Dissertationen und Fachbüchern.

David Port

Seminararbeit zum Thema:

"Blockchain-Technologie: Funktionsweise und Potenzial"

– Analyse am Fallbeispiel Wirtschaftsprüfung –

Seminar: Geheime Botschaften & die Kunst der Verschlüsselung -

             Kryptographische Methoden

Modul: Methodenorientierte Zugänge zu den Naturwissenschaften

Datum: 15.07.2019

Inhaltsverzeichnis

1. Einleitung

Der umfassenden Anwendung von Blockchain wird bereits, obwohl tatsächliche Anwendbarkeit und resultierende Nutzenpotenziale der Technologie noch nicht abschließend beurteilbar sind, die „Revolutionierung unseres Wirtschaftssystems"[1] oder die letztendliche Ausprägung als „Infrastruktureller Paradigmenwechsel"[2] prophezeit. Dass derart umfassende Prognosen von einem wissenschaftlichen Standpunkt grundsätzlich kritisch zu hinterfragen sind ist offensichtlich, dennoch verdeutlichen sie die potentiellen Ausmaße der mit Blockchain angestoßenen Entwicklung.

Daher sollen im Rahmen dieser Arbeit die Funktionsweise der Blockchain Technologie dargestellt und verbundene Anwendungs- und Disruptionspotenziale erörtert werden. Dazu erfolgt zunächst ein Begründungsansatz, weshalb Blockchain in verschiedensten Bereichen eine derart hohe Bedeutung beigemessen wird. Dieser baut im Wesentlichen auf der permanent gegebenen Vertrauensproblematik auf, die sich Transaktionspartnern in der Regel bei jedweder Form der Durchführung einer Transaktion stellt. Diesbezüglich wird sowohl der bisherige, im weiteren Verlauf als traditionell bezeichnete, Ansatz zur hinreichenden Minimierung einer solchen Problematik angeführt als auch die Grundidee des revolutionierenden Aspekts einer vollkommenen Veränderung ggf. sogar Aufhebung der Problematik durch Blockchain herausgearbeitet. Dies erlaubt die Ableitung der zentralen Motivation für die Adaption von Blockchain und die Begründung deren vielseitigen Einsetzbarkeit.

Ausgehend von dieser thematischen Hinführung soll mit dem allgemeinen Aufbau einzelner Blöcke, deren Verkettung und damit verknüpften Methoden der Konsensfindung und Block-validierung die Funktionsweise der Blockchain inkl. der dahinterstehenden kryptographischen Methoden erläutert werden.

Darauf aufbauend wird das daraus erwachsende Potenzial einer praktischen Anwendung beurteilt, indem die Vorteilhaftigkeit gegenüber traditionellen Lösungen hervorgehoben wird und mögliche Anwendungsbereiche dargelegt werden. Dabei sollen auch etwaige Limitationen der Technologie kritisch beleuchtet werden.

Abschließend soll anhand eines konkreten Anwendungsbeispiels, der Wirtschaftsprüfung als eine auf die Schaffung von Vertrauen spezialisierte Branche, analysiert werden, welche Konsequenzen eine Implementierung der Blockchain in wirtschaftliche Prozesse nach sich zieht und ein diesbezüglicher Ausblick gegeben werden.

---

[1] Bagus/Müller (2019), o.S.
[2] Rieck (2019), S. 231

2. Bedarf an Blockchains

2.1 Ausgangssituation

Insbesondere der Umgang mit Gegenständen von finanziellem Wert in wirtschaftlichen Transaktionen aber auch generell die Funktionalität des alltägliche Zusammenlebens von Menschen erfordert ein signifikantes Maß an Vertrauen der einzelnen Parteien untereinander.[3] Dem entgegensteht andererseits aber auch gleichzeitig die Tatsache, dass für keine der Parteien eine unmittelbare Veranlassung besteht der anderen zu vertrauen, gerade wenn diese, wie oftmals in wirtschaftlichen Handelsbeziehungen vorkommend, anfänglich unbekannt ist.[4] Da Unternehmen wie Privatpersonen im Falle eines Vertrauensbruchs durch die Gegenpartei potenziell wirtschaftliche Schäden davontragen, bedarf es für die Existenz von wirtschaftlichen Austauschbeziehungen folglich Mittel und Wege einer Minimierung des der anderen Partei notwendigerweise entgegenzubringenden Vertrauens.[5]

2.2 Traditioneller Ansatz

Traditionell begründen viele der Intermediäre, die sich an Märkten zwischen einzelnen Parteien positionieren, in dem mangelnden Vertrauen der Marktteilnehmer untereinander, ihre Daseinsberechtigung.[6]

Solche Intermediationsinstitutionen, etwa Banken, Finanzaufsichtsbehörden, Versicherungen, Rating Agenturen, Wirtschaftsprüfungen, etc. schaffen ein Umfeld indem die Marktteilnehmer einander nur ein Minimum an Vertrauen entgegenbringen müssen und Vertrauensbrüche sanktioniert werden können.[7] Sie bilden eine zentralisierte Kontrollinstanz, die die Vertrauenswürdigkeit der Gegenpartei im Vorhinein untersucht[8] und somit die wirtschaftlichen Austauschbeziehungen auch dann ermöglicht, wenn sich die Parteien nicht kennen.

2.3 Blockchain Ansatz

Da der erläuterte traditionelle Ansatz in einem globalisierten Umfeld mit steigenden Transaktionsvolumina und erhöhter Komplexität zunehmend kostenintensiv und ineffizient ist[9] und Intermediäre darüber hinaus durch Fälle wie der Finanzkrise 2007 selbst Teile des ihnen entgegengebrachten Vertrauens verloren haben, stellt sich fortlaufend die Frage nach alternativen

[3] Vgl. Rehak (2018), S. 54
[4] Vgl. Gentemann (2019), S. 28
[5] Vgl. Rehak (2018), S. 54
[6] Vgl. Gentemann (2019), S. 28
[7] Vgl. Palka/Wittpahl (2018), S. 3
[8] Vgl. Palka/Wittpahl (2018), S. 3 f.
[9] Vgl. Kobler et al. (2017), S. 8

Ansätzen.[10] Mit der Blockchain wird ein diesbezüglich konträrer Ansatz verfolgt, der den Ablauf von Transaktionen, bisher insb. finanzieller Art, zwischen den Parteien direkt zulässt, ohne der Zwischenlagerung eines Intermediäres zu bedürfen.[11] Die Blockchain dient dabei als eine dezentrale, auf die Computer der einzelnen Teilnehmer distribuierte Datenbank, die die jeweiligen Daten einer Transaktion in Blöcken speichert und für die übrigen Teilnehmer transparent macht.[12] Dabei sind die Computer der Nutzer der Blockchain gleichzeitig die zugrundeliegende Infrastruktur, die auf der Vernetzung dieser über das Internet beruht.[13] Über im weiteren Verlauf dargestellte kryptographische Methoden wird einerseits eine dauerhafte und unveränderliche Registratur der Daten sichergestellt und andererseits eine nachträgliche Überprüfung ohne die Notwendigkeit eines Intermediäres gewährleistet.[14]

3. Funktionsweise

3.1 Blockaufbau

Für die Darstellung der Funktionsweise einer Blockchain ist zunächst grundlegend der Aufbau ihrer einzelnen Blöcke darzulegen.

Jeder Block umfasst zwei Komponenten, zum einen den eigentlichen Block, der die in ihm gesammelten Transaktionsdaten umfasst und zum anderen den sog. Block Header. Eine Verknüpfung zwischen beiden erfolgt durch die Verwendung kryptographischer Hash-Funktionen, die auf den Transaktionsteil der Blocks angewandt werden und enthaltene Informationen beliebigen Umfangs anhand festgelegter Algorithmen in vermeintlich zufällige Zeichenabfolgen bestimmter Länge transformieren.[15] Dabei verwendet die Blockchain Merkle Tree – ein Verfahren, dass diese Transformation erst auf Basis einzelner Transaktionsdaten und dann auf Basis größer werdender gruppenweiser Kombinationen vorsieht, bis lediglich ein einzelner Hash-Wert übrig bleibt.[16] Dieser wird als Mekle Root bezeichnet.[17] Diese Merkle Root ist sinnbildlich als ,digitaler Fingerabdruck' der Transaktionsdaten zu interpretieren, da jedwede Änderung in diesen zu einer vollständigen Veränderung des Hash-Werts führen würde.[18] Die Merkle Root ist Teil des Block Headers des jeweiligen Blocks dessen Daten sie repräsentiert und dient somit als Verweis. Weiterhin enthält der Block Header den essentiellen Hash-Wert des

---

[10] Vgl. Kobler et al. (2017), S. 8
[11] Vgl. Schlatt et al. (2016), S. 9
[12] Vgl. Hermann/Liggesmeyer (2018), S. 6
[13] Vgl. Schütz et al. (2018), S. 1158
[14] Vgl. ZfgK (2016), S. 1125
[15] Vgl. Brühl (2017), S. 137
[16] Vgl. IAB Working Group (2018), S. 23
[17] Vgl. ebd.
[18] Vgl. Meinel et al. (2018), S. 22

vorangegangenen Blocks, einen Zeitstempel sowie, im Falle einer auf Proof of Work basierenden Blockchain, eine sog. Nonce als Zufallszahl, [19] auf die im folgenden Abschnitt weiter eingegangen werden soll.

3.2 Blockverkettung

Jeder neu hinzugefügte Block baut sowohl auf den ihn betreffenden Transaktionsdaten als auch auf den vorherigen Blöcken bzw. deren Transaktionsdaten auf. Die daraus resultierende Kette kodierter Datenblöcke erlaubt eine vollständige Rückverfolgung aller erfolgten Transaktionen bis hin zum Ursprung der Kette, dem sog. Genesis-Block.[20] Dadurch dass jeder einzelne Block den Hash-Wert des vorangegangenen Blocks enthält, entsteht eine mit der Kette fortlaufende kryptographische Prüfsumme, die inhaltliche Unversehrtheit aller bisherigen in den Blöcken enthaltenden Datensätzen sicherstellt.[21] Dadurch ist eine nachträgliche Veränderung in Bezug auf die angesprochene Vertrauensproblematik ausgeschlossen, da mit dem veränderten Block zwangsläufig auch alle darauf folgenden Blöcke geändert werden müssten, um die Integrität der Kette aufrecht erhalten zu können,[22] was wiederum allerdings eine i.d.R. als unrealistisch zu erachtende Rechenleistung der dazu verwendeten Computer voraussetzt.

Bezüglich der Frage durch wen letztendlich die Blockverkettung letztendlich erfolgt ist zunächst zwischen öffentlichen und privaten Blockchains zu differenzieren. Während offene Blockchains grundsätzlich durch jeden genutzt werden können und dementsprechend prinzipiell auch durch jeden Teilnehmer um Blöcke ergänzt werden können, sind private Blockchains nur selektierten Nutzern zugänglich und ebenfalls denkbar.[23] Eine solche Selektion setzt jedoch wiederum zentralisierte Kontrollinstanzen voraus, die der Kernidee einer dezentralen Organisation zuwiderläuft,[24] weshalb im Folgenden lediglich auf offene Blockchains eingegangen wird.

Damit sichergestellt wird, dass dem dezentralen Prinzip entsprechend alle Teilnehmer oder bei größeren Blockchains alle Knotenpunkte über die aktuellste Version der erzeugten Kette verfügen und diese Version durch das Hinzufügen neuer Blöcke kontinuierlich validiert werden kann, bedarf es einer Anreizfunktion für die Teilnehmer.[25] Gleichzeitig bedarf es eines dezentralen Konsensmechanismus, der die Rechtmäßigkeit der durchgeführten Transaktionen

---

[19] Vgl. Bruyn (2017), S. 10
[20] Vgl. Thiele/Ehrenberg-Sillies (2016), S. 2
[21] Vgl. Hermann/Liggesmeyer (2018), S. 6
[22] Vgl. Kobler et al. (2017), S. 9
[23] Vgl. vbw (2017), S. 5 f.
[24] Vgl. ebd.
[25] Vgl. Brühl (2017), S. 136

bestätigt und weiterhin sicherstellt, dass jeweils nur ein Teilnehmer einen Block zur Zeit hinzufügt, sodass die Kette intakt bleibt und sich nicht verästelt.[26]

Für die Erfüllung dieser Anforderungen wurden abhängig von der jeweiligen Blockchain verschiedene Lösungsansätze entwickelt. Besonders hervorzuheben sind die Proof-of-Work und Proof-of-Stake Konsensmechanismen.

Der Proof-of-Work, der bspw. in Blockchain basierten Anwendungen wie Bitcoin verwendet wird, erschafft netzwerkweiten Konsens über die Validität eines Blocks durch eine Kombination aus Kryptographie und Rechenleistung.[27] Die Knoten des Blockchain Netzwerks, sog. Miner, verwenden die Rechenleistung ihrer Systeme um einerseits Transaktionen innerhalb des Netzwerks zu validieren (etwa, dass ausreichende Geldmittel vorhanden sind und kein ‚Double Spending' vorliegt) und andererseits um im gegenseitigen Wettbewerb die Lösung eines kryptographisch-mathematischen Problems in der kürzesten Zeit zu vollziehen.[28] Dabei handelt es sich um einen algorithmischen Suchprozess, genannt Mining, nach einer bereits angesprochenen Nonce, der keine effiziente Berechnung zulässt sondern ein lotterieähnliches Ausprobieren [29] von Zufallszahlen erfordert bis mit ihr eine hinreichende Zielgröße des verbundenen Hash-Werts unterschritten werden kann.[30] Wurde die erste passende Nonce durch einen der Miner gefunden, so teilt er den damit durch ihn verifizierten Block mit allen Netzwerkteilnehmern erhält nachdem eine entsprechende Überprüfung durch das restliche Netzwerk erfolgt ist, bspw. im Falle des Bitcoins eine finanzielle Belohnung.[31] Der verifizierte Block wird der bestehenden Kette in den dezentralen Verzeichnissen der Netzknoten hinzugefügt.

Der Proof-of-Stake hingegen bedarf keiner hohen Rechenleistung, um als Netzwerkteilnehmer für die Validierung eines Blocks infrage zu kommen. Jeder der Teilnehmer der Blockchain hält einen gewissen Stake (Anteil) an der Blockchain, typischerweise in Form einer verknüpften Kryptowährung.[32] Für jeden Block erfolgt eine zufällige Auswahl eines Teilnehmers, der nach entsprechender Validierung der Transaktionen den Block der Blockchain hinzufügen darf.[33] Da diese zufällige Auswahl eines Teilnehmers allerdings jeweils den gehaltenen Anteil an der Blockchain berücksichtigt, wird es mit steigendem Anteil wahrscheinlicher als sog. Minter tatsächlich für das Hinzufügen des Blocks ausgewählt zu werden.[34] Ähnlich dem Proof-of-Work wird das Hinzufügen des Blocks belohnt allerdings mit dem Unterschied, dass diese i.d.R. aus

---

[26] Vgl. Schlatt et al. (2016), S. 7 f.
[27] Vgl. Seang/Torre (2018), S. 3 f.
[28] Vgl. Seang/Torre (2018), S. 4
[29] Vgl. ZgfK (2016), S. 1126
[30] Vgl. Brühl (2017), S. 137
[31] Vgl. Northern Bitcoin (2018), S. 3
[32] Vgl. Siim (2017), S. 2 f.
[33] Vgl. ebd.
[34] Vgl. Seang/Torre (2018), S. 5

Transaktionsgebühren der Parteien besteht, die ihre Transaktionsdaten in dem Block erfassen wollen.[35] Neben diesen Konsensmechanismen über die Erstellung eines Blocks existieren weitere, bspw. Proof-of-Burn oder Proof-of-Space,[36] die allerdings aufgrund ihrer verhältnismäßig geringen Anwendung im Rahmen dieser Arbeit nicht näher erläutert werden.

3.3 Transaktionsvalidierung

Unabhängig davon, welcher der Konsensmechanismen innerhalb einer Blockchain Anwendung findet müssen Transaktionsdaten innerhalb des Netzwerks stattfindender Transaktionen validiert werden, bevor sie mit der Verkettung eines Blocks unabänderlich erfasst werden. In Anknüpfung an die bereits angesprochene notwendige Vertrauensbeziehung zwischen Transaktionspartnern werden in Blockchains asymmetrische Verschlüsselungsverfahren angewandt.[37] Diese ermöglichen solche Vertrauensbeziehungen, indem sie als Mechanismus die Verifizierung der Integrität und Authentizität einer Transaktion sicherstellen, während diese gleichzeitig innerhalb des Netzwerks öffentlich ist.[38] Der grundsätzliche Ansatz dieser kryptographischen Verschlüsselung besteht darin für die Ver- und Entschlüsselung einer Nachricht vom Sender zum Empfänger nicht den gleichen Schlüssel zu verwenden, sondern ein mathematisch verwandtes Schlüsselpaar bei dem einer öffentlich verfügbar ist (Public Key), während der andere geheim bleibt (Private Key) und dem Entschlüsseln und Signieren dient.[39] Bezogen auf den Ablauf einer Transaktion innerhalb der Blockchain ergibt sich daraus, dass der eine Transaktionspartner mit seinem privaten Schlüssel eine Transaktion digital signieren und damit dem Netzwerk beweisen kann, dass er das Gegenstück zu einem öffentlichen Schlüssel besitzt, ohne diesen dem Netzwerk mitzuteilen.[40] Damit kann das gesamt Blockchain Netzwerk validieren, dass der initiierende Transaktionspartner über den mit diesem öffentlichen Schlüssel verknüpften für das Netzwerk transparenten Transaktionsgegenstand (z.B. finanzieller Betrag) tatsächlich verfügen darf.[41] So kann die Transaktion vom Netzwerk betrugssicher validiert werden, während gleichzeitig eine mathematische Extraktion des verwendeten privaten Schlüssels ausgeschlossen ist.[42] Die Kombination aus dieser kryptographischen Verschlüsselung mit der durch Blockchains erfolgenden Erfassung in Blocks erlaubt eine Registratur von Transaktionen, deren Authentizität und Integrität damit unwiderruflich gewährleistet wird.

---

[35] Vgl. Siim (2017), S. 3
[36] Vgl. ebd.
[37] Vgl. Yaga et al. (2018), S. 11
[38] Vgl. Yaga et al. (2018), S. 11 f.
[39] Vgl. Meinel et al. (2018), S. 21
[40] Vgl. Palka/Wittpahl (2018), S. 6
[41] Vgl. ZgfK (2016), S. 1126
[42] Vgl ebd.

4. Potenzial

4.1 Vorteilhaftigkeit

Das Potenzial der Blockchain Technologie ist im Wesentlichen durch die Vorteile bedingt, die sich bei der Anwendung im Vergleich zu traditionellen Ansätzen bieten. Im Besonderen ist diesbezüglich die Dezentralisierung von Transaktionsabläufen anzuführen. Traditionellerweise müssen in zentralisierten Transaktionssystemen sämtliche Transaktionen zwischen zwei sich unbekannten Parteien durch eine vertrauensstiftende dritte Partei, bspw. eine Bank, validiert werden, um das notwendige Vertrauen zu schaffen.[43] Eine Blockchain hingegen ermöglicht eine den Transaktionen zugrundeliegende dezentrale Datenbank, die ohne einen zentralen Verwalter funktioniert und damit eine Disintermediation vorantreibt.[44] Vorteilhaft daran sind vor allem die Möglichkeiten der Reduzierung von Transaktionskosten [45] und Transaktionsdauer,[46] der Vermeidung von Kapazitätsengpässen,[47] der Ausschaltung eines einzelnen ‚Single Point of Failure'[48] und der erhöhten Verfügbarkeit aufgrund oftmals länderübergreifender Partizipation.[49] Gleichzeitig erhält bzw. verstärkt Blockchain trotz des Wegfallens urspr. Intermediäre das Systemvertrauen der Nutzer aufgrund hoher Transparenz und Sicherheit.[50] Zunächst ist mit der Blockchain jede Transaktion für jeden Netzwerkteilnehmer offen einsehbar, nachvollziehbar und verifizierbar.[51] Eine dadurch gegebene komplette Transparenz erlaubt zwar keine Anonymität der Teilnehmer aber durch die erläuterte asymmetrische Verschlüsselung eine Pseudonymität, die nicht auf die eigentlichen Transaktionspartner schließen lässt.[52] Eine derartige Transparenz, auch der Blockchainsoftware, ermöglicht Vertrauen in die Technologie. Weiterhin bietet die Blockchain eine verbesserte Transaktionssicherheit, da die dargestellte Verkettung der Datenblöcke durch die Konsensmechanismen eine Manipulationssicherheit[53] und Datenintegrität ermöglicht,[54] ohne dabei von einzelnen Instanzen oder Netzwerkknoten abhängig zu sein oder vertrauen zu müssen, da die Validierung stets durch alle Netzwerkknoten erfolgt.[55]

---

[43] Vgl. Zheng et al. (2017), S. 558
[44] Vgl. Niranjanamurthy (2018), S. 10
[45] Vgl. Zheng et al. (2017), S. 558
[46] Vgl. Niranjanamurthy (2018), S. 10
[47] Vgl. ebd.
[48] Vgl. Bogensperger et al. (2018), S. 68
[49] Vgl. ebd.
[50] Vgl. Palka/Wittpahl (2018), S. 10 f.
[51] Vgl. Meinel et al. (2018), S. 20
[52] Vgl. Schlatt et al (2016), S. 46
[53] Vgl. Bogensperger et al. (2018), S. 68
[54] Vgl. ebd.
[55] Vgl. Schlatt et al (2016), S. 46

4.2 Anwendungsbereich

Aus der Vorteilhaftigkeit der Blockchain Technologie gegenüber traditionellen Ansätzen ergeben sich eine Reihe an Anwendungsgebieten, in denen diese bereits genutzt wird oder potenziell verstärkt genutzt werden kann. Blockchains besitzen in solchen Bereichen erhebliches Disruptionspotenzial, in denen Werte von einander nicht vertrauenden Parteien ausgetauscht werden sollen und daher für die Durchführbarkeit einer Transaktion ein Abhängigkeitsverhältnis zu einem vertrauenswürdigen Intermediär besteht.[56] Weiterhin wird in sämtlichen Bereichen, in denen die nachweisbare Integrität von Daten jederzeit bestehen und sichergestellt werden muss, eine verstärkte Tendenz zu der Nutzung von Blockchain Technologie evoziert.[57] Mit einer derart weit zu fassenden Definition wird ersichtlich, dass Blockchain höchst diverse und umfangreiche Anwendungsbereiche liefert. Diese lassen sich jeweils der Unterteilung in drei Evolutionsstufen der Blockchain Technologie nach Swan (2015) zuordnen. Die erste der drei Entwicklungsstufe liegt nahe an dem ursprünglich erdachten originären Anwendungsgebiet der: Der grundlegenden kryptographischen Infrastruktur für digitale Bezahlsysteme und Kryptowährungen wie Bitcoin.[58] Allerdings sind bereits in der Entstehungsphase weitreichendere Potenziale berücksichtigt worden. So erfolgt mit der zweiten Entwicklungsstufe über die bisherige Dezentralisierung von Bezahlsystemen hinaus die Dezentralisierung von Märkten, die die dezentrale Abwicklung verschiedenster Eigentumsübergänge beabsichtigt.[59] Eine der relevantesten mit dieser Entwicklung verbundenen Merkmale sind sog. Smart Contracts, welche in der Blockchain programmierte Codezeilen bezeichnen, die bestimmte Aktionen ausführen, sobald festgelegte Bedingungen erfüllt sind.[60] Dies kann automatisch und ohne das Zutun eines Dritten erfolgen. Mit dem letzten der drei Entwicklungsschritte erfolgt nunmehr der Transfer der Blockchain auf andere Anwendungsgebiete außerhalb des bisher bedachten Finanz- und Wirtschaftssektors, bspw. öffentlicher Sektor, Gesundheit, Wissenschaft, Bildung und anderen.[61] Damit sind teils zunächst erstaunlich anmutende aber durchaus sinnvolle bereits erfolgende Anwendungen wie etwa die Zertifizierung von Hochschulzeugnissen, die Beurkundung von Hochzeiten und die Entwicklung von Integritätsgewährleistungen möglich geworden.[62] Insbesondere sehen allerdings die verschiedenen Formen der Transaktionsintermediäre, wie bspw. Notare, Anwälte, Börsen und Banken damit eine zunehmende Bedrohung ihres Geschäftsmodells.[63]

---

[56] Vgl. Brandt et al. (2017), S. 30 f.
[57] Vgl. Deloitte (2016), S. 5
[58] Vgl. Nakamoto (2008), S. 1
[59] Vgl. Swan (2015), S. 9
[60] Vgl. Gatteschi et al. (2018), S. 64
[61] Vgl. Gatteschi et al. (2018), S. 65
[62] Vgl. Deloitte (2016), S. 5
[63] Vgl. Welzel et al. (2017), S. 3 f.

4.3 Limitationen

Trotz der bisher dargestellten Stärken und weitläufigen Anwendungsgebiete sind dem Potenzial der Blockchain einige Limitationen zu attestieren.

So ist u.a. die fragliche Skalierbarkeit der Blockchain Technologie zu erwähnen. Mit einer kontinuierlich zunehmenden Zahl abzuwickelnder Transaktionen, wird die jeweilige Blockchain konsequenterweise immer länger und damit stets umfangreicher und kapazitätsbeanspruchender.[64] Da jeder Netzwerkknoten sämtliche Transaktionen validieren und speichern muss und zusätzlich die Kapazität einzelner Blocks verhältnismäßig gering ist, ist zu hinterfragen, ob Blockchain als exklusives Transaktionsmedium überhaupt umsetzbar sein kann.[65] Zheng et al. (2017) resümieren, dass etwa die derzeitige Prozessgeschwindigkeit des Bitcoin von bis zu sieben Transaktionen pro Sekunde in dieser Form keinesfalls der alleine im täglichen Zahlungsverkehr anfallenden millionenfachen Transaktionen gerecht werden könne.

Die Bedingung, dass Zusammenschlüsse von Minern, deren Gesamtrechenleistung gemessen am Gesamtnetzwerk mehr als 50% beträgt, keinesfalls auftreten dürfen, da sonst betrügerische Transaktionsfälschungen möglich wären, lassen Zweifel an der vorgehaltenen totalen Sicherheit der Blockchain Technologie, gerade bei kleineren Ketten, wachsen.[66] Weiterhin tritt mit der Verfolgung von Transaktionen zwischen Transaktionspartnern in der Blockchain das Risiko auf, dass trotz der stattfindenden Pseudonymisierung und selbst mit Verwendung des identitätsverschleiernden TOR-Netzwerkes eine Identifizierung der Endnutzer erfolgen kann.[67] So gelang es bspw. in der Bitcoin-Blockchain in mehreren Fällen Bitcoin-Adressen mit den IP-Adressen der Nutzer zu verknüpfen,[68] was im Endeffekt selbst nach Maßstäben der Blockchain zu einem zu hohen Maß an Transparenz für die Nutzer führt.

Erschwerend zu der nicht vollends geklärten tatsächlichen Sicherheit der Technologie kommt der enorme Ressourceneinsatz sowohl an technischem Gerät als auch der bereits exorbitante und weiter kräftig ansteigende Energieverbrauch,[69] der alleine im Falle des Bitcoins bereits den ganzer Länder (z.B. Dänemark[70]) übertrifft. Dies wird vor allem durch das Mining neuer Blöcke und den damit verbundene Proof-of-Work Konsensmechanismus verursacht. Mit dem alternativen Proof-of-Stake Ansatz liegt ein derartiger Stromverbrauch zwar nicht vor, dennoch ist hier fraglich, ob mit der stochastischen Delegation der Validierung von Blöcken an die größten

---

[64] Vgl. Zheng et al (2017), S. 562
[65] Vgl. ebd.
[66] Vgl. Swan (2015), S. 83
[67] Vgl. Meinel et al. (2018), S. 51
[68] Vgl. ebd.
[69] Vgl. Swan (2015), S. 83
[70] Vgl. FAZ (2018), o.S.

Anteilseigner sich nicht entsprechend erneut Intermediäre bilden, die ursprünglich umgangen werden sollten.

Letztlich ist die Blockchain Technologie fraglos durch die einsetzende gesetzliche Regulation limitiert. [71] Aspekte, wie die problembehaftete Besteuerung von Transaktionen, ohne als Intermediär in das Netzwerk einzugreifen, führen zu einem signifikanten Handlungsbedarf des Staates, dessen letztendliche Ausprägung zu einem signifikanten Maß beeinflussen dürfte, wie erfolgreich die weitere Entwicklung der Blockchain sein kann.

5. Anwendungsbeispiel Wirtschaftsprüfung

Am Anwendungsbeispiel der Wirtschaftsprüfung kann das disruptive Potenzial der Blockchain Technologie auf tradierte Branchen untersucht werden. Die Wirtschaftsprüfung ist gerade deshalb hervorzuheben, da es sich um eine Branche handelt, die sich auf Vertrauens-dienstleistungen spezialisiert hat und in diesem Sinne als originäre Dienstleistung für Kapital-gesellschaften festgelegter Größenordnungen verpflichtende Abschlussprüfungen gem. § 316 HGB durchführt. Die für die Wirtschaftsprüfer geltenden Prüfungsstandards definieren das Ziel von Abschlussprüfungen mit der Erhöhung der Verlässlichkeit der Informationen der im Jahresabschluss enthaltenden Rechnungslegungsinformationen und somit ihrer Glaubwürdigkeit, sodass Abschlussadressaten wirtschaftliche Entscheidung auf diese basieren können. [72] Daher ist die Daseinsberechtigung der Branche hpts. auf das nicht vorhandene Vertrauen von Transaktionspartnern, bspw. zweier Unternehmen, untereinander zuruückzuführen, das durch die Reputation und Verlässlichkeit der Branche kompensiert werden soll, um so die Funktionalität der Märkte[73] zu steigern. Aufgrund dieser Intermediationsfunktion kann nun untersucht werden, inwiefern Blockchain-Technologie Veränderungen verursacht.

Abschlussprüfungen sind darauf ausgelegt, ausreichend Prüfungsnachweise zu sammeln, die die Richtigkeit eines Jahresabschlusses beurteilbar machen.[74] So werden für die Verifikation von Transaktionen Nachweise wie Rechnungen, Verträge, Bestell- und Lieferscheine, Zahlungsbestätigungen etc. genutzt.[75] Z.B. soll so sicher gestellt werden, dass Umsatzerlöse nicht zu hoch ausgewiesen wurden. Da Blockchain nicht nur dazu genutzt werden kann, die Integrität der genannten Dokumente unabänderlich sicher zu stellen, sondern auch als unmittelbarer

---

[71] Vgl. Swan (2015), S. 83
[72] Vgl. IDW PS 200, Rn. 8
[73] Vgl. Leyens (2017), S. 3
[74] Vgl. Li (2017), S. 296
[75] Vgl. ebd.

Nachweis fungiert, dass eine Transaktion tatsächlich stattgefunden hat, besteht keine Notwendigkeit für diese Prüfungshandlungen.[76]

Die Höhe und Richtigkeit im Jahresabschluss aufgeführter Verbindlichkeiten oder Forderungsbestände erfolgt im Rahmen sog. Saldenbestätigungsaktionen anhand Aufforderungen an Dritte offene Forderungen und Verbindlichkeiten gegenüber dem geprüften Unternehmen zu bestätigen.[77] Erfolgt die Erfassung von Transaktionen zwischen Unternehmen über Blockchain kann aufgrund der erläuterten Verkettung nicht nur einwandfrei festgestellt werden, in welcher Höhe Forderungen oder Verbindlichkeiten auszuweisen sind, sondern auch die gesamte Transaktionshistorie manipulationssicher nachverfolgt werden.[78] Eine externe Prüfung ist diesbezüglich ebenfalls nicht notwendig. Ähnliches gilt für die Prüfung von Bankguthaben, Lagerbeständen, Anzahlungen und Besitznachweisen für Maschinen, Fahrzeuge oder Gebäude, wodurch eine enorme Verschlankung[79] der Abschlussprüfung erfolgt.

Weiterhin kann durch den Zeitstempel der Blocks auch stets festgestellt werden, wann eine Transaktion erfolgt ist, weshalb auch die Gewinnmanipulation durch eine vorzeitige oder verspätete Umsatzrealisierung prüferseitig ausgeschlossen werden kann.[80] Die häufigsten Faktoren, wie verfälschte oder unechte Dokumente, Kollusion oder versteckte Informationen bei Betrugsfällen und die Unterbewertung von Verbindlichkeiten und Aufwendungen, Überbewertung von Forderungen und Vermögensgegenständen und fehlerhafte Gewinnrealisierung bei Bilanzmanipulationen sind mit der Blockchain Technologie nur noch sehr bedingt prüferseitig zu beachten.[81]

Da es sich dabei tendenziell um Prüfungshandlungen handelt, für die geringer qualifizierte Arbeitskräfte eingesetzt werden, kann davon ausgegangen werden, dass künftig weniger Prüfungsassistenten benötigt werden, was einen durch Blockchain bedingten Rückgang der Mitarbeiterzahlen in der Branche wahrscheinlich macht.[82]

Die gutachterliche Beurteilung von Rückstellungen, bilanziellen Bewertungsspielräumen und Going Concern der Unternehmen sowie prüferische Ermessensentscheidungen bleiben hingegen unberührt durch den Einsatz der Blockchain Technologie.[83]

Daher kann subsumiert festgestellt werden, dass die Blockchain Technologie mit der Validierung und dezentralen Speicherung von Transaktionen potentiell einen signifikanten Aufgabenteil der

---

[76] Vgl. AICPA (2017), S. 11
[77] Vgl. Rasinski (2018), S. 123
[78] Vgl. ebd.
[79] Vgl. Krah (2016), S. 43
[80] Vgl. Aparicio/Costa (2018), S. 5
[81] Vgl. Aparicio/Costa (2018), S. 5
[82] Vgl. Göttsche et al. (2018), S. 405
[83] Vgl. Loitz (2016), S. M5

Abschlussprüfer an die Netzwerkknoten delegiert, [84] dennoch Abschlussprüfungsleistungen insgesamt aber nicht obsolet macht, sondern refokussiert.

6. Fazit

Mit der vorliegenden Arbeit wurde zunächst dargelegt, dass der Grund für die derzeit hohe Relevanz der Blockchain-Technologie in einer Vertrauensproblematik besteht, die mit der Partizipation an globalisierten Märkten einhergeht. Anders als bislang soll dieses Vertrauen mit Blockchain allerdings nicht durch Intermediäre, die die Transaktionskosten signifikant erhöhen, erfolgen, sondern durch die Nutzer des Blockchain-Netzwerks selbst. Dazu erfolgt eine kontinuierliche Validierung aller Transaktionen durch sämtliche Netzwerkknoten mit anschließender Konsensfindung über verschiedene erläuterte Verfahren.

Gleichzeitig bedingt die Blockchain auch einen Abbau des für die Ausführung von Transaktionen notwendigen Vertrauens, da sie eine unwiderlegbare kryptographische Beweisführung für Existenz und Integrität von Transaktionen bietet. Dies wird durch die Verkettung der einzelnen Kettenglieder (Blöcke) über kryptographische Verfahren ermöglicht, die, wie dargestellt, dolose Veränderungen von Transaktionsdaten stets zu einer Veränderung aller nachfolgenden Kettenblöcke führen lässt. Eine solche Veränderung würde allerdings, bedingt durch die dezentrale Speicherung der Blockchain in sämtlichen Netzwerkknoten, bei der Validierung vom Netzwerk abgelehnt werden. Daher sind keine unsachgemäßen Veränderungen möglich. Aufgrund ihrer vielseitigen Einsetzbarkeit wird der Blockchain Technologie in diversen Bereichen, die längst über den urspr. angedachten Wirtschaftssektor hinausgehen und bspw. den öffentlichen Sektor wie die Rechtsbranche erfasst haben, immenses Potenzial zugeschrieben.

Als eine verhältnismäßig junge Technologie besitzt die Blockchain jedoch noch einige Limitationen, die einer umfassenderen Adaption im Weg stehen. Vornehmlich sind die mangelnde Skalierbarkeit wie Effizienz- und Sicherheitsbedenken anzuführen.

Dennoch erfolgt mit dem erläuterten Anwendungsbeispiel in Bezug auf handelsrechtliche Abschlussprüfungen eine Darstellung der potentiell durch Blockchain möglichen Disruption, die Geschäftsmodelle nachhaltig verändert und in Teilen gänzlich überflüssig macht. Für die betroffenen Branchen, die hpts. sämtliche Intermediäre für Vertrauensbildung an Märkten umfassen, bleiben tatsächliche Ausmaße zwar abzuwarten, da Blockchain derzeit noch weit vom möglichen Nutzenpotenzial steht, dennoch sollten mögliche Auswirkungen frühzeitig analysiert und resultierende Konsequenzen bedacht werden.

---

[84] Vgl. Dai (2017), S. 72

Literaturverzeichnis

AICPA (2017)	American Institute of Certified Public Accountants: "Blockchain Technology and its Potential Impact on the Audit and Assurance Profession", 2017 Abrufbar unter: https://www.aicpa.org/content/dam/aicpa/interestareas/frc/assuranceadvisory services/downloadabledocuments/blockchain-technology-and-its-potential-impact-on-the-audit-and-assurance-profession.pdf (Letzter Abruf: 05.07.2019)
Aparicio/Costa (2018)	Aparicio, M., Costa, C.: "Blockchain technology in the auditing environment", 2018 Abrufbar unter: https://www.researchgate.net/publication/326053735_Blockchain_technology_in_the_auditing_environment (Letzter Abruf: 05.07.2019)
Bagus/Müller (2019)	Bagus, A., Müller, I.: „Blockchain hat das Potenzial zur Veränderung unseres Wirtschaftssystems", 2019 Abrufbar unter: https://www.freiheit.org/blockchain-hat-das-potential-zur-revolutionierung-unseres-wirtschaftssystems (Letzter Abruf: 05.07.2019)
Bogensperger et al. (2018)	Bogensperger, A., Zeiselmair, A., Hinterstocker, M.: „Die Blockchain-Technologie – Chancen zur Transformation der Energieversorgung?", Berichtsteil Technologiebeschreibung, 2018 Abrufbar unter: https://www.ffe.de/attachments/article/803/Blockchain_Teilbericht_Technologiebeschreibung.pdf (Letzter Abruf: 05.07.2019)
Brandt et al. (2018)	Brandt, J., Hoffknecht, A., Krug, C.: „Blockchain-Technologie, Anwendungspotenziale und Limitierende Faktoren" in: Hermann, S., Liggesmeyer, P. (Hrsg.): „Blockchain – Eine Technologie mit disruptivem Charakter", VDI Technologiezentrum, 2018
Brühl (2017)	Brühl, V.: „Bitcoins, Blockchain und Distributed Ledgers – Funktionsweise, Marktentwicklung und Zukunftsperspektiven", Wirtschaftsdienst, Vol. 97, 2017
Bruyn (2017)	Bruyn, A.: „Blockchain an introduction", Research Paper, 2017 Abrufbar unter: https://beta.vu.nl/nl/Images/werkstuk-bruyn_tcm235-862258.pdf (Letzter Abruf: 05.07.2019)
Dai (2017)	Dai, J.: "Three Essays on Audit Technology: Audit 4.0, Blockchain, and Audit App, Diss., Graduate School Newark, 2017

Deloitte (2016)	Deloitte: "Vorstellung der Blockchain-Technologie", 2016 Abrufbar unter: https://www2.deloitte.com/content/dam/Deloitte/de/Documents/Innovation/ Vorstellung%20der%20Blockchain-Technologie.pdf (Letzter Abruf: 05.07.2019)
FAZ (2018)	Frankfurter Allgemeine Zeitung: „Stromverbrauch von Bitcoin steigt schneller als erwartet", 2018 Abrufbar unter: https://www.faz.net/aktuell/finanzen/digital-bezahlen/bitcoin-stromverbauch-bei-herstellung-enorm-hoch-15876893.html (Letzter Abruf: 05.07.2019)
Gatteschi et al. (2018)	Gatteschi, V., Lamberti, F., Demartini, C., Prateda, C., Santamaria, V.: "To Blockchain or not to Blockchain: That is the Question", IT Professional, 20(2), 2018
Gentemann (2019)	Gentemann, L.: „Blockchain in Deutschland – Einsatz, Potenziale, Herausforderungen" Bitkom Studienbericht, 2019
Göttsche et al. (2018)	Göttsche, M., Steindl, T., Baier, C., Amann, T., Zipfel, L.: „Die Auswirkungen der Digitalisierung auf den Berufsstand des Wirtschaftsprüfers: Schafft sich die Wirtschaftsprüfung im Zuge der Digitalisierung selbst ab?", IRZ Zeitschrift für Internationale Rechnungslegung, 2018
Hermann/ Liggesmeyer (2018)	Hermann, S., Liggesmeyer, P.: „Blockchain – Eine Technologie mit disruptivem Charakter", VDI Technologiezentrum, 2018 Abrufbar unter: https://www.vditz.de/fileadmin/media/bekanntmachungen/documents/vdi_ publikation_blockchain_RZ_web_neu.pdf (Zuletzt abgerufen: 05.07.2019)
IAB Working Group (2018)	IAB Blockchain Working Group: „Blockchain Technology Primer", 2018 Abrufbar unter: https://iabtechlab.com/wp-content/uploads/2018/07/Blockchain-Technology-Primer.pdf (Zuletzt abgerufen: 05.07.2019)
Kobler et al. (2017)	Kobler, D., Koch, M., Seffinga, J.: „Die Blockchain R/evolution – Die Schweizer Perspektive", Deloitte White Paper 2017 Abrufbar unter: https://www2.deloitte.com/content/dam/Deloitte/ch/Documents/innovation/ch-de-innovation-blockchain-revolution.pdf (Letzter Abruf: 05.07.2019)
Krah (2016)	Krah, E.: „Mit der Blockchain effizienter werden", Controlling & Management Review, Vol. 5, 2016
Leyens (2017)	Leyens, P.: „Informationsintermediäre des Kapitalmarktes, 1. Aufl. Tübingen 2017, Mohr Siebeck
Loitz (2016)	Loitz, R.: „Löst sich die Abschlussprüfung durch die Blockchain im Netz auf?", Der Betrieb, Nr. 42, 2016

Li (2017)	Li, Z.: „Will Blockchain Change the Audit?", China-USA Business Review, June 2017, Vol. 16, No. 6
Meinel et al. (2018)	Meinel, C., Gayvoroskaya, T., Schnajkin, M.: „Blockchain: Hype oder Innovation", Technische Berichte Nr. 113, Universitätsverlag Potsdam 2018
Nakamoto (2008)	Nakamoto, S.: „Bitcoin: A Peer-to-Peer Electronic Cash System", 2008 Abrufbar unter: https://bitcoin.org/bitcoin.pdf (Letzter Abruf 05.07.2019)
Niranjanamurthy et al. (2018)	Niranjanamurthy, M., Nithya, B., Jagannatha, S.: "Analysis of Blockchain technology: pros, cons and SWOT", Cluster Computing 2018
Northernbitcoin (2018)	Northernbitcoin: „Bitcoin Mining", 2018 Abrufbar unter: https://northernbitcoin.com/wp-content/uploads/2018/05/Bitcoin-Mining.pdf (Letzter Abruf: 05.07.2019)
Palka/Wittpahl (2018)	Palka, S., Wittpahl, V.: „Vertrauen und Transparenz – Blockchain-Technologie als digitaler Vertrauenskatalysator", 2018 Abrufbar unter: https://www.iit-berlin.de/de/publikationen/vertrauen-und-transparenz-blockchain-technologie-als-digitaler-vetrauenskatalysator (Zuletzt abgerufen am 05.07.2019)
Rasinski (2017)	Rasinski, A.: „Blockchain-Technologie: Analyse ausgewählter Anwendungsfälle und Bewertung rechtlicher Aspekte", Diss., Univ. Ulm, 2017
Rehak (2018)	Rehak, R.: „Die Blockchain politisch gelesen – Vom Experiment einer Gesellschaft ohne Vertrauen", WZB Mitteilungen, Heft 161, September 2018
Rieck (2019)	Rieck, S.: „Potenzial der Blockchain – Infrastruktureller Paradigmenwechsel" in: Dahm, M., Thode, S. (Hrsg.): Strategie im digitalen Zeitalter", Wiesbaden 2019, Springer Verlag
Schlatt et al. (2016)	Schlatt, V. Schweizer, A., Urbach, N., Fridgen, G.: „Blockchain, Anwendungen, und Potenziale", Projektgruppe Wirtschaftsinformatik des Fraunhofer-Instituts für Angewandte Informationstechnik FIT
Schütz et al. (2018)	Schütz, A., Fertig, T., Weber, K., Vu, H., Hirth, M., Tran-Gia, T.: „Vertrauen ist gut, Blockchain ist besser – Einsatzmöglichkeiten von Blockchain für Vertrauensprobleme im Crowdsourcing", Wiesbaden 2018, Springer Verlag
Seang/Torre (2018)	Seang, S., Torre, D.: „Proof of Work and Proof of Stake consensus protocols: a blockchain application for local complementary currencies", 2018 Abrufbar unter: https://gdre-scpo-aix.sciencesconf.org/195470/document (Letzter Abruf: 05.07.2019)
Siim (2017)	Siim, J.: "Proof-of-Stake", 2017 Abrufbar unter: https://courses.cs.ut.ee/MTAT.07.022/2017_fall/uploads/Main/janno-report-f17.pdf (Letzter Abruf: 05.07.2019)

Swan (2015)	Swan, M.: "Blockchain - Blueprint for a new economy", 1. Aufl., Sebastopol 2015, O'Reily Media
Thiele, Ehrenberg-Silies (2016)	Thiele, D., Ehrenberg-Silies, S.: „Blockchain", Büro für Technikfolgen-Abschätzung beim Deutschen Bundestag, 2016 Abrufbar unter: https://www.tab-beim-bundestag.de/de/pdf/publikationen/themenprofile/Themenkurzprofil-001.pdf (Letzter Abruf: 05.07.2019)
Vbw (2017)	Vbw-Studie: „Blockchain und Smart Contracts – Recht und Technik im Überblick", 2017 Abrufbar unter: https://www.vbw-bayern.de/Redaktion/Frei-zugaengliche-Medien/Abteilungen-GS/Planung-und-Koordination/2017/Downloads/2017-09-12-NH-vbw-Blockchain-und-Smart-Contracts_ChV-Fußnoten.pdf (Letzter Abruf: 05.07.2019)
Welzel et al. (2017)	Welzel, C., Eckert, K., Kirstein, F., Jacumeit, V.: „Mythos Blockchain: Herausforderung für den öffentlichen Sektor", Kompetenzzentrum öffentliche IT, 2017 Abrufbar unter: https://cdn0.scrvt.com/fokus/1ce7946ad1882e46/18ab9d5982ef/Mythos-Blockchain---Herausforderung-f-r-den--ffentlichen-Sektor.pdf (Letzter Abruf: 05.07.2019)
Yaga et al. (2018)	Yaga, D., Mell, P., Roby, N., Scarfone, K.: "Blockchain Technology Overview", 2018 Abrufbar unter: https://doi.org/10.6028/NIST.IR.8202 (Letzter Abruf: 05.07.2019)
ZgfK (2016)	Bolesch, L., Mitschele, A.: „Revolution oder Evolution? Funktionsweise, Herausforderungen und Potenziale der Blockchain-Technologie", Zeitschrift für das gesamte Kreditwesen, Heft 22, 2016
Zheng et al. (2017)	Zheng, Z., Xie, S., Dai, H., Chen, X., Wang. H.: „An Overview of Blockchain Technology: Architecture, Consensus, and Future Trends", IEEE International Congress on Big Data (BigData Congress), 2017